Antonio Dudley A.

EL DERECHO A LA EDUCACIÓN SEXUAL

FUGA Libros

Antonio Dudley A.

EL DERECHO A LA EDUCACIÓN SEXUAL/Antonio Dudley A. – Panamá: Editorial Fuga Editor, 2022. 77 p.; 21 cm.

ISBN 9798376857427

© Antonio Dudley A.

Coordinación de edición: Carlos Wynter Melo
Editora: Evelin Rodríguez
Ilustraciones: Anyi Zhang

Panamá, 2022

Todos los derechos reservados. Esta publicación no puede ser reproducida, en todo ni en parte, ni registrada en o transmitida por un sistema de recuperación de información, en ninguna forma ni por ningún medio, sea mecánico, fotoquímico, electrónico, magnético, electroóptico, por fotocopia, o cualquier otro medio, sin el permiso previo por escrito de su respectivo autor.

AGRADECIMIENTOS

Al Dr. Carlos Javier Moreno Moreno, ginecólogo y obstetra, por su ilustración sobre los distintos mecanismos históricamente utilizados para evitar el embarazo.

A la Arq. Chris Lam Giner por su efectiva administración del proceso de confección y culminación de la impresión de la Obra.

El autor:

Dr. Antonio Dudley Armstrong

Doctor en Derecho

INTRODUCCIÓN

El Anteproyecto de Ley No.61 de 2014, de la Asamblea Nacional de Panamá, sobre la enseñanza obligatoria de la educación sexual en las escuelas, provocó acaloradas discusiones conceptuales.

Más allá de establecer puntualizaciones legales sobre el alcance científico del contenido, se dirimieron, no solamente el objeto de la ley, sino también la influencia y la hegemonía de los grupos de poder opuestos al proyecto para incidir en la legislación civil.

Grupos de influencia se confrontaron para debatir:

· Se enseña o no se enseña, a pesar de que la evidencia estadística de los embarazos en menores lo pedía a gritos.

· Pretender que los padres u otros grupos cívicos y morales pudiesen esgrimir derechos paternales opuestos y por encima de la obligación de la enseñanza de la educación sexual, lo que resulta inconstitucional por cuanto es una obligación del Estado, impartir la educación sobre una base científica.

Dicho Anteproyecto, finalmente, fue derrotado, negado y encarpetado.

El 5 de abril de 2022, tuvimos la grata sorpresa de que la Asamblea Nacional de Panamá, en un viraje inesperado, aprobó una ley de educación sexual, la cual implementarán los Ministerios de Educación y Salud, Ley No.202, "Que establece un programa de formación en materia de educación en la sexualidad y la afectividad".

Entrando en materia, las estadísticas de salud pública de Panamá reportan que un número plural de "niñas" en edad escolar resultan embarazadas, lo que las obliga, en la mayoría de los casos, al abandono de sus estudios.

Cuando provienen de hogares pobres, esto presupone ahondar el ciclo de la pobreza extrema condicionando a las generaciones aún por venir.

Las cifras no son estables pues, como un reloj digital, están en constante avance.

Según comunicado de la Sociedad Panameña de Obstetricia y Ginecología, del 23 de febrero de 2022, "cifras preliminares del INEC (Instituto Nacional de Estadística y Censo) de la Contraloría General de la República indican que para el 2020, 11,710 nacimientos vivos del total de nacimientos del país tuvieron como madre a una niña o adolescente, entre 10 y 19 años de edad. Esta cifra representa el 15.9% de los nacimientos vivos totales del país".

Esto nos da un promedio aproximado de 32 nacimientos diarios.

Por la naturaleza del tema de la educación sexual y lo álgido de sus debates, opino que, durante la aplicación de la ley, se volverán a confrontar criterios con respecto a la mayor extensión o restricción en su enseñanza. Confrontaciones que serán alimentadas por los criterios biológicos, legales y sociales que son el fundamento sobre el cual descansa la evolución futura de su enseñanza.

Por tal razón, considero que vale la pena recoger en estos apuntes lo que en su día fueron mis reflexiones y tema de debate con amigos y colegas sobre una cuestión tan importante para el futuro de nuestros niños y adolescentes, así como criterios básicos respecto a la planificación familiar.

NATURALEZA DEL PROBLEMA

Protagonistas: menores en edad, primordialmente escolar.
Objeto: embarazos no deseados.
Causa: Tener relaciones sexuales y no saber cómo evitar los potenciales embarazos resultantes.

Solución: Evitar los embarazos, lo que, según qué grupo opina o el fin que se persigue, se logra:

- Imponiendo la abstinencia sexual en los menores, o bien,
- Educándoles en sexualidad, de suerte que, si incurren en relaciones sexuales, sepan cómo evitar la preñez consecuente.

Cuestión a resolver: ¿es factible impartir educación sexual a los escolares? Ante esta alternativa, ¿a quiénes habría que educar y quién es el responsable de hacerlo?

En mi opinión, el problema se agrava cuando afecta los estratos de clase pobre, baja y media baja, claramente identificados por ser usuarios del sistema de educación pública. Esta separación, aun no siendo justa, es ciertamente realista, por cuanto que las clases media y alta alegan poder hacerse responsables de facilitar en sus hijos una efectiva comprensión de los mecanismos biológicos de la sexualidad.

Una enseñanza científica impartida por profesionales

preparados va más allá del simple informar y, sobre todo, cumple con satisfacer la curiosidad de los adolescentes en beneficio de estos.

La educación, por ley, es un derecho de los menores, ricos y pobres, y, por lo tanto, debe impartirse en todas las escuelas.

El aborto no es un método de planificación.

Respondiendo a la pregunta, ¿a quiénes debe impartirse?,

en mi concepto, a chicos y chicas por igual, pero a distintas edades y en distintos momentos. Las niñas requieren adquirir conocimientos a más temprana edad.

Hay temas que pueden y deben impartirse colectivamente, a chicos y chicas, y hay temas que deben tratarse por separado. Las clases deben ser dictadas por médicos y otros trabajadores de la salud, sociólogos y psicólogos, según la edad de los estudiantes. El personal docente debe ser de ambos sexos para dar lugar a mayor fluidez en las preguntas, de acuerdo con la composición de los grupos. Los grupos de mayor edad, 15 a 16 años en adelante, deben ser mixtos.

ARGUMENTOS A FAVOR Y EN CONTRA

No conozco a nadie inteligente que haya expresado una opinión en contra de la enseñanza de la educación sexual. Hay quienes opinan que es responsabilidad de los padres enseñarla en casa. Pero eso no está ocurriendo, en muchos casos, por efecto del ritmo laboral y en otros muchos, como consecuencia de familias disfuncionales.

Esos casos de desarrollo temprano, entre los 8 y 10 años, una vez detectados, deben ser puestos bajo conocimiento y supervisión de personal especializado (maestros, psicólogos, trabajadores sociales o trabajadores de la salud), advirtiendo a los padres sobre la necesidad de atención especial.

Por lo demás, de esa edad en adelante, niños y niñas deben ser sujetos en las escuelas públicas de la enseñanza de la educación sexual.

La educación sexual forzosamente debe incluir, además del conocimiento del mecanismo biológico de reproducción y cuándo este ocurre, todas las alternativas para evitar la procreación: la abstinencia, los medios mecánicos, los biológicos, los anticonceptivos y los que surjan a futuro.

Calificamos las cosas como malas porque así se nos enseñan o porque no se nos informa de su existencia y, al descubrirlas, nos repulsan por desconocidas o por ser contrarias a lo que ya conocemos. Por ejemplo, los hábitos culinarios de otras latitudes. Por deficiencias idiomáticas en lo conceptual, usamos la expresión "normal" para identificar lo que es usual. En sentido contrario, lo inusual se identifica como "anormal". Por ejemplo, ser zurdo. Pero ser zurdo no es anormal, sino inusual.

Este aspecto, el de enseñar a evitar el embarazo, es el que recibe la mayor oposición de los grupos ultras. Para ello, esgrimen toda clase de argumentos posibles, unos moralistas, otros no.

La oposición moralista se apoya en dos pilares:

a) Si no les enseñamos cómo se evita el embarazo, los estaremos obligando a abstenerse.
b) Si les enseñamos cómo se evita el embarazo, los

estaremos invitando a tener relaciones sexuales basadas en que no habrá consecuencias indeseadas.

En otras palabras, quienes se hubieren abstenido por el solo miedo de provocar un embarazo o que hubiesen estado utilizando el embarazo como excusa, ahora, ya instruidos, podrían atreverse o perderían la excusa para seguir absteniéndose de la práctica del coito. En consecuencia, habría más adolescentes en estado de parejas íntimas y habríamos contribuido, con la educación, a aumentar la práctica sexual entre la gente joven. En toda discusión seria, lo que se dice ha de tomarse en cuenta por su contenido y no por de quien proviene. Pero, dicho esto y con todo respeto, me atrevo a tomar apuestas de que quienes así argumentan son personas de muy avanzada edad o algunos religiosos ultras quedados en el tiempo.

A los viejos, en Europa, las nuevas generaciones nos llaman jurásicos. Yo soy de los convencidos de que lo jurásico no está relacionado con la edad cronológica, sino con la edad mental, y de veras que hay gente que se ha quedado a la deriva en el tiempo. La mitad de este país está firmemente anclado en el Jurásico con respecto a este tema. Prueba de ello es que, a estas alturas de la vida, aún se esté discutiendo, y con una oposición significativa.

En los años Setenta, durante los cuales destacaba la precocidad infantil producto de la revolución tecnológica de la comunicación, en Europa corría un chiste que, palabras más, palabras menos, era así: *Una niña de 13 años, con aire de superioridad, le dice a una de 11: «Yo ya sé de dónde vienen los niños ¡No vienen de París!». Y contesta la precoz de 11: «¡Yo ya sé cómo evitar que vengan!»*

Y que, a estas alturas, en Panamá se debata el tema de la enseñanza o no de la educación sexual en las escuelas públicas… No olvidemos que hemos llegado hasta aquí, como consecuencia de los embarazos precoces y abandono de los estudios. Lo que denota la existencia de niñas cuyas madres no han sabido enseñarles el mecanismo de procreación y cómo evitarlo por ser ellas, a su vez, ignorantes de dicho conocimiento: si no sabe la madre, mal podrá enseñar a la hija. La madre es ya una generación perdida. Nos toca enseñar a la hija, para que esta enseñe a la madre, como sucede en muchos otros aspectos de la sociedad moderna con temas de salud, ecología, tecnología, etc.

Pero hay quien se opone a que se les enseñe educación sexual a los menores, aunque sea en la escuela. Porque, si se les enseña sexualidad, entonces, a lo mejor, la practican. Pero, bueno, ¿qué creen que está pasando en la calle todos los días? ¿De dónde creen que vienen las cifras estadísticas de los embarazos que nos preocupan? La cuestión en debate no es si los adolescentes tienen o no relaciones íntimas. Eso depende de su desarrollo evolutivo, de su carácter y de su formación. Lo cuestionable no está en la intimidad sino en la naturaleza de ésta. Una pareja de enamorados avala y justifica su afectividad y su cercanía emocional. Lo censurable es la intimidad promiscua. Y aun así, desde el punto de vista de la política pública, no es un factor que pueda tomarse en cuenta para oponerse a una ley que está dirigida a los desprovistos de conocimiento, cuyos padres no están en condiciones de enseñarles por falta de convivencia familiar o dada a su propia ignorancia sobre el tema debido al fracaso institucional de políticas públicas de planificación familiar, y cuya ignorancia afecta directamente su ya de por sí escasa posibilidad de romper el círculo de pobreza al que parecen predestinados desde su nacimiento.

Frente a la preocupación de si educando en sexualidad a los menores se incrementa el número de los que practican el sexo, la pregunta es: ¿y qué? Alguien puede precisar ¿de cuánto sería el aumento o en qué porcentaje ocurriría? ¿Tendrá eso alguna importancia comparado con el hecho de que logra evitar los embarazos no deseados de las menores y adolescentes en edad escolar que hoy padecemos y, de paso, con su conocimiento, evitar que sus hijas repitan la misma historia? Estaríamos cumpliendo indirectamente con una de las metas de asistencia obligada de la fracasada planificación familiar, misión social que hoy no cumple ni el Estado ni la ONG llamada Aplafa.

Lo impresionante es que hay una mitad del país que no se molesta en opinar sobre el tema y no le importa lo que hagan con la ley. Me refiero a la mitad acomodada del país cuyos hijos asisten a escuelas privadas. Tal vez porque son económicamente pudientes o porque, aún con estrechez, hacen el sacrificio de que sus hijos tengan una mayor calidad de educación, en forma continuada, a socaire de interrupciones intempestivas por edificios deficientes, parones de clases por maestros y profesores mal pagados. No es porque a ellos no se les vaya a aplicar la ley, ya que sea lo que sea que se apruebe, una vez adoptada por el

Ministerio de Educación, los colegios privados también tendrán que aplicarla en mayor o menor medida, según lo defina dicho Ministerio, sino que simplemente no opinan en aquello que no les afecta.

LA ALTERNATIVA DE NO ENSEÑAR

Entre los grupos opositores a la Ley de Educación Sexual hay quienes proponen la solución de clases de ética y enseñanzas morales con el mensaje de la abstinencia de relaciones sexuales entre los jóvenes. Rectamente impartida, es magnífica opción para quienes la adopten voluntariamente. Pero enseñarla es una cosa, que se cumpla en la práctica es otra. ¿Qué haremos con los que cambien de idea respecto a la abstinencia y decidan practicar sexo sin haber sido instruidos en la materia? Volvemos al punto inicial y actual riesgo. Es decir, habrá que abordar ambas alternativas para tener siempre a mano la opción del conocimiento.

Pero de esta postura surgen de inmediato dos preguntas: ¿abstenerse de qué?, ¿abstenerse por cuánto tiempo? Variables difícilmente controlables. Los que propugnan inculcar a los jóvenes la abstinencia enarbolan la bandera de la exclusividad de este método. Esta postura resulta irreal, absurda, ciega. Parte de espaldas de lo que ya hay y seguirá habiendo. Para abstenerse de algo, usted tiene que saber en qué consiste ese algo, de forma que hay que enseñar un mínimo para definir aquello de lo que se abstiene.

La segunda pregunta es todavía más trascendente. ¿Abstenerse hasta cuándo? ¿Cuándo se puede dar inicio a la vida sexual en pareja? ¿Eso quién lo decide? ¿El individuo? ¿Sus padres? ¿Él o ella en la pareja? ¿La colectividad? ¿Los grupos religiosos?

En lo biológico, el ser humano tiene aspectos coincidentes y también disímiles con el mundo de los otros animales, los irracionales. Factores de vista, oído, sistema de locomoción, medios de reproducción, etc. Muchos de estos factores son copiados y/o adaptados por el hombre para mejorar su propia existencia, desde el vuelo del colibrí (helicóptero) hasta el radar del murciélago. El hombre, a través del tiempo, ha demostrado una capacidad ilimitada de descubrir, inventar y crear para evolucionar y moldear su calidad de vida.

LA ESPECIE HUMANA NO TIENE LÍMITES NI FRONTERAS CONOCIDAS. El mañana de la especie humana es indeterminado. Desde donde venimos, "de la cueva", hasta donde estamos, bomba nuclear incluida, el hombre ha ido alterando, descubriendo, moldeando y forjando su propia especie. Yo siempre he sostenido que uno se muere no de viejo ni por enfermedad sino por haber nacido antes de tiempo. Si hubiésemos nacido más tarde ya se habría descubierto el remedio para la enfermedad que nos mata. ¿Cuántos murieron en el pasado de un cólico de miserere? Pregúntele a cualquier médico a cuántos mata hoy una simple apendicitis. ¿Tiene un corazón defectuoso? Tranquilo, le sacamos el que tiene y le ponemos otro. Desde mi punto de vista, la especie humana es un ser sin fronteras, en constante evolución, colectivamente dueño de su futuro, individualmente dueño de su propio destino.

EL TEMA DEL APAREAMIENTO ENTRE LAS ESPECIES, LA CÓPULA Y SU MOTIVACIÓN

En la naturaleza, como regla, la cópula o el apareamiento tiene un único y exclusivo propósito: la reproducción de la especie. El celo o calor en la hembra se da para atraer al macho, despertar sus instintos y obligarlo a fecundarla para que ella pueda procrear y cumplir la misión de garantizar la continuidad de su especie. La cópula no tiene por finalidad producir placer. Una vez cumplido el ciclo del celo, la hembra no aceptará más al macho. Si está preñada, no volverá a entrar en celo hasta después del parto. Si no lo está, tendrá nuevos ciclos de celo hasta lograr quedar preñada, pero no habrá apareamiento fuera de los ciclos del celo porque la única finalidad del apareamiento es procrear y no producir placer. Como regla, el macho en libertad perseguirá solo a hembras en celo, es decir, en capacidad de ser embarazadas, con el fin de fecundarlas y asegurar la continuidad de su particular linaje.

A diferencia de las otras especies, en los humanos la cópula tiene no una sino dos motivaciones o "funciones":

el placer y la procreación, en el orden que usted guste. La hembra fecundada sigue aceptando al macho y este sigue atraído por el placer de su sexualidad, de forma que la pareja humana puede copular:

a) Con intención de procrear.
b) Sin intención de procrear.
  • Teniendo ya hijos.
  • No queriendo tenerlos.
c) Estando la hembra ya embarazada.
d) Con diferentes parejas (ambos).

¿Desde cuándo está la hembra en capacidad de procrear? No hace falta recurrir a la biología para contestar esa pregunta. Manteniéndonos dentro del campo de lo que se discute, el censo de embarazadas escolares nos informa que las hay desde los 10 a12 años en adelante. Excepcionalmente, dice Salud Pública, se dan embarazos en niñas de 8 años. De forma que la estadística nos dice desde cuándo debe afrontarse el problema. Yo diría que con la misma anticipación prudente con que una madre prepara a su hija para recibir su primer ciclo menstrual, esto es con el tiempo suficiente para discutir el tema una y otra vez mediante sesiones de preguntas y respuestas, de por qué se da y qué función tiene. Y así la prepara para que ese día no se sobresalte si el fenómeno ocurre estando en clases o en la calle, y que lo sepa sobrellevar con prudencia, debidamente preparada y dueña de sus actos, la transición de niña a mujer.

De suerte que a la pregunta ¿desde cuándo deben impartirse las clases de educación sexual?, tiene la respuesta: "antes de que biológicamente ocurra la transición de niña a mujer", pues a partir de ella, ya la niña se convierte en un ser susceptible de engendrar, en el caso de que participe en una cópula.

¿CÓMO DEBE SER LA ENSEÑANZA DE LA EDUCACIÓN SEXUAL?

En nuestra opinión, debe ser comprehensiva, paulatina, pero continua y total, ya sea individualizada o colectiva.

La educación sexual colectiva es competencia de la escuela, pero, a través de un profesional de la salud, y debe estar a disposición de la persona sin más requerimiento ni cortapisa, sin requerir autorización paternal ni información a estos, salvo en el caso de presentar alguna irregularidad, enfermedad o contagio.

¿Cómo debe ser la enseñanza de la educación sexual?

La enseñanza debe ser comprehensiva. Esto es que debe explicar, desde el primer momento, el concepto íntegro de la procreación: el padre, hombre; la madre, mujer; los hijos y la familia. La idea de que la pareja produce hijos es un concepto que debe quedar claro desde el primer momento, como base de la estructura familiar.

Además, debe ser paulatina. Esto es que los conceptos deben ser simples en un inicio, envueltos en la descripción de las funciones de todos los órganos corporales. A medida que el alumno avanza en edad y en otros conocimientos, la información pude ser más explícita.

La enseñanza debe ser total, pues, respecto al tema, debe exponerse todo lo que puede ser transmitido sin requerir la necesidad de conocimientos científicos y médicos para comprenderlo.

Por último, el conocimiento debe ser transmitido con participación de grupos mixtos que se beneficien de preguntas y respuestas del colectivo. El conocimiento que se imparta debe ser biológico y moral, junto al conocimiento de los mecanismos de la procreación resultado de la sexualidad y sus otras posibles consecuencias a la salud.

Además de los medios para evitar el embarazo; debe también valorarse el respeto de los derechos humanos de la persona, su interacción y la responsabilidad por los actos propios, sin excluir la razón biológica y el respeto por las sexualidades atípicas [1].

---

[1] Colectivos LGBT

EL DERECHO A NO TENER DESCENDENCIA

La mujer o, en su caso, la pareja, tienen el derecho de evitar la procreación, durante su convivencia, sea esta de hecho, de derecho, o religiosa.

La esencia de la confrontación entre los grupos creyentes a ultranza, frente a los grupos de razón, son simples.

El grupo de los que se ciñen a la razón individual, conscientes del "pienso luego existo", rápidamente concluyen que tienen el derecho a vivir su vida de acuerdo con su propio criterio, dentro del marco de la convivencia pacífica con los demás, respetando el criterio de cada uno a vivir bajo su propia manera de pensar y de hacer las cosas sin trasgredir los derechos de otros.

En cambio, aquellos que conviven bajo el criterio de que su misión es lograr que todos se sometan a su particular visión religiosa o moralista, no aceptan que cada uno aplique en su vivir personal los patrones que considere más cónsonos con su manera de pensar, así, los que creen que la pareja debe engendrar hijos como su propósito esencial, no aceptan de buen agrado que las parejas utilicen métodos anticonceptivos. En cambio, ninguna mujer o pareja que aplica controles de natalidad tiene ningún motivo de oposición con respecto a las que aceptan tener todos los hijos que biológicamente les sea posible.

Durante la discusión del Anteproyecto de Ley en 2014, en los círculos de opinión nacional se llevó a cabo una acalorada disputa sobre la mayor o menor extensión o detalle en la enseñanza de la educación sexual en las escuelas. Ella presupone la enseñanza de los métodos anticonceptivos, naturales, materiales y biológicos. Históricamente los métodos anticonceptivos han sido los siguientes.

El ritmo

Antaño se preconizó, como método para evitar el embarazo, el que se conoce como el método de El ritmo. Consiste en que la pareja se abstenga de relaciones sexuales durante los días del mes en que la mujer es fértil. Esto es, los días en que la mujer ovula y por el tiempo que el óvulo esté disponible en ella para recibir un espermatozoide. A ese período debemos agregarle el tiempo que un espermatozoide puede permanecer vivo dentro del cuerpo de una mujer, en espera a que ésta llegue a ovular lo que puede ser por regla de 48 a 72 horas (2 a 3 días).Si se ha de ser prudente, póngale 4 días anteriores más 4 posteriores al día de la ovulación, que son 4 a 5 días. Si quiere ser súper prudente, digamos que 6 días más los 4 anteriores, 10, que es el mínimo de días al mes en que la pareja no debe copular, si quiere evitar tener hijos siguiendo el método del ritmo. Ahora bien, hay que añadir que este método requiere que la mujer sea exacta en su ciclo de ovulación. De no ser así, darán al traste con los cálculos de días y el embarazo resultará inevitable.

El protector

Se estima que hasta un 40% de las mujeres, sobre todo en edades tempranas, son irregulares en su ciclo. Por este motivo existe un alto número de embarazos indeseados con el método del Ritmo. Por esta razón, cayó rápidamente en desuso siendo sustituido por el protector, es decir, el condón, el cual terminó siendo aceptado por la iglesia católica pues, al evitar el encuentro de óvulo y espermatozoide, evita la posibilidad de procreación si estuviese la mujer en época fértil, por lo cual no habrá un posible producto que eliminar en casos indeseados. Pero está demostrado que, aún con el condón, se corre el riesgo de resultar embarazada y de algún contagio venéreo, porque no es 100% seguro, sobre todo por falta de educación.

La T de cobre

Al condón lo siguieron otros métodos mecánicos, de implantación de aparatos en el organismo de la mujer, que pudiesen bloquear a los espermatozoides en su camino hacia el óvulo para cumplir con una fecundación. Entre estos métodos mecánicos, el más conocido fue el de la T de cobre. Su inconveniente fue que, así como en algunas mujeres funcionó a la perfección, en otras la implantación del cuerpo extraño provocó rechazos y malestar.

La píldora diaria

Este método procura mediante un fármaco de ingesta diaria, alterar y controlar el mecanismo biológico de la mujer, evitando el embarazo.

El inconveniente de este sistema es que requiere cumplir diariamente con el ritual de tomar el fármaco. Si se salta un día o dos, no se compensa aumentando la toma de los días sucesivos. Si la mujer deja de tomar el fármaco porque está en una temporada en que no tiene pareja, una relación súbita la puede "sorprender" sin un escudo protector anticonceptivo y resultar embarazada.

Bloqueo mensual

Pero el ser humano siempre encuentra respuestas para sus problemas. A la píldora diaria, cuyo consumo es susceptible de ser olvidada, le siguió la aplicación de un fármaco de efecto mensual. Una sola inyección bloquea la concepción por el período de un mes.

El borrador

Y a esta inyección mensual para evitar, ha seguido la píldora del día después: la píldora para borrar. Es un producto que toma la mujer al día siguiente de haber tenido una relación sexual y su efecto es eliminar cualquier posible fecundación producto de ese evento.

Los grupos moralistas se oponen a este método porque alegan que, aunque no se pueda confirmar, existe la posibilidad de que, en esas horas siguientes al coito, se hubiese dado el encuentro de un espermatozoide con un óvulo, por lo que técnicamente el fármaco hubiese podido eliminar un producto de hasta 8 horas.

Ahora bien, estas opciones se plantearon en su tiempo para resolver el problema de control de la natalidad para parejas y lo que hoy discutimos es evitar embarazos en relaciones sexuales entre menores. Si hemos de dar crédito a los periódicos, la Iglesia católica acepta la necesidad de la educación sexual para los menores, aunque algunos grupos llamados civiles que dicen seguirla, se expresan violentamente contra el contenido y ciertos principios del programa de enseñanza y aplicación de los conocimientos de la educación sexual que habrán de adquirir los estudiantes. Para ello, siguen un patrón harto repetido en todos aquellos planteamientos sociales a los que se oponen estos grupos moralistas. Lo que no les gusta:

- Es malo;
- De darse, proliferará en exceso;
- Es cosa del demonio;

- Está maldito, condenado;
- Hay que prohibirlo.

Es el mismo tratamiento que dan a temas como el divorcio, el aborto, la homosexualidad y ahora a la educación sexual a los menores.

Cada grupo cívico, moral o religioso tiene el derecho a creer en, profesar y aplicar para sí sus propios criterios personales respecto a temas religiosos, morales o sociales de su preferencia o creencia. Pero el enfrentamiento y la solución de los problemas sociales no se basan en patrones morales individuales sino en el objetivo de resolver los problemas del colectivo. En su día, frente a la incipiente legislación sobre el divorcio, la oposición moral planteaba:

1. Que era innecesario
2. Que era malo
3. Que provocaría tal proliferación de divorcios al punto que haría peligrar la institución de la familia.
4. Que en países católicos era inaceptable porque el matrimonio religioso es indisoluble.

Aprobadas las Leyes de divorcio en su día, esta institución se ejerce por lo que se considera estadísticamente un número equilibrado de personas dado el tamaño de la población. Calificarlo como malo o bueno no tiene sentido. Simplemente son medidas necesarias para quienes las requieren. Por eso, son facultades que por ley son puestas a disposición del ciudadano para que las use quien las necesite. No son imposiciones. Nadie tiene que hacer uso de la medida si no la requiere.

A pesar de que cierta facción en la Iglesia persista en aseverar que el matrimonio religioso es indisoluble, la realidad es que esa aseveración no es cierta. La Iglesia tiene sus reglas, condiciones y procedimientos para la disolución del matrimonio religioso (). Lejos de deteriorar la institución de la familia, el divorcio da paso, en más de las veces, a la composición de nuevas estructuras familiares mejor avenidas que las ya deterioradas que las precedieron.

La realidad, una y otra vez, ha sido que, aprobadas las legislaciones polémicas tan exageradamente criticadas, nunca ocurrió el desastre temido por su supuesto exagerado uso. Las parejas se casan por decisión propia y se divorcian por necesidad, cuando ya no son compatibles, cuando ya se ha perdido la armonía mínima que requiere la convivencia. De más está decir que el abortar no es un pasatiempo placentero para ninguna mujer que adopta esa decisión, por los motivos que ella quiera. Y es que nadie debe coartar los derechos personales protegidos por los Derechos Humanos. En consecuencia, la mujer tiene el derecho de decidir, por sí, si quiere o no tener descendencia.

Y quienes quieran procrear y tener una familia, tienen el mismo derecho de hacerlo, sin que ninguna ley se lo prohíba, acogiéndose también a la protección de los Derechos Humanos.

FUNDAMENTOS JURÍDICOS QUE ALEGAN LOS OPOSITORES AL PROYECTO DE LEY DE LA EDUCACIÓN SEXUAL EN LAS ESCUELAS

La oposición al proyecto alega que vulnera derechos de los padres de familia con respecto a los menores que son sus hijos de los cuales ejercen una tutela por ley. En nuestra opinión, esta postura resulta legalmente desenfocada y tergiversa los derechos y obligaciones de las partes involucradas.

Las personas y conceptos protagonistas de este drama son:
- La menor;
- La mujer;
- Los padres;
- La patria potestad;
- El Ministerio de Educación;
- Los centros de salud;
- La procreación;
- La planificación familiar.

Fundamentos jurídicos que alegan los opositores al proyecto de ley de la educación sexual en las escuelas

Se dice que los padres tienen el "derecho" a decidir si a los hijos se les imparte o no nociones de educación sexual. Error: la educación es un derecho universal y el Estado es el obligado a brindarla. No hay fundamento legal que justifique que se excluya la enseñanza de la biología reproductiva en ningún programa educativo. Pretender que los padres tienen el derecho a negar a sus hijos el conocimiento de la educación sexual, es un delito social. Por el contrario, los padres tienen la obligación de exigirle al Estado que la educación que se imparte en las escuelas públicas y el programa de las escuelas privadas sea la más completa y de mayor calidad disponible.

Cabe señalar que las disposiciones legales que regulan e imponen la educación están claramente delimitadas en la Constitución, en la Ley Orgánica de Educación, en el Código de la Familia y en todos los reglamentos relativos a la educación, como veremos.

Con respecto a los padres de familia, hay que recalcar que el capítulo del Código de la Familia dedicado a la patria potestad, más que derechos, es un catálogo de obligaciones que la ley impone a los progenitores. Los padres no son dueños de los hijos, no en nuestra civilización. Los padres tienen la obligación de criarlos, lo que implica facilitarles sus necesidades materiales de albergue, comida, ropa y de educarlos, según esté a nuestro alcance. Los padres no tienen derechos, tienen autoridad, y esta autoridad se establece en consideración "al interés superior del menor y de la familia" . Cuando hay desacuerdo de los progenitores respecto al ejercicio de la patria potestad quien resuelve es el Juez de familia. Para ello, el artículo 321 del Código de la Familia señala que "el Juez resolverá después de escuchar a ambos padres y al hijo o hija, y decidirá lo que más convenga al interés superior del hijo o hija". De suerte que los que creen que la patria potestad que ostentan es una especie de patente sobre la vida del menor, están muy equivocados. Antes que "derechos", lo que más tienen son "obligaciones" y, en ese conjunto de obligaciones, el interés del menor prima como superior. De tal suerte que los que alegan que el proyecto de la Ley de Educación Sexual les va a privar de derechos absolutos que ellos creen tener sobre la vida del menor, no están en lo cierto porque tales derechos, como ellos los conciben, no existen. Lo que hay son obligaciones, obligaciones supeditadas siempre al beneficio superior del interés del menor, incluida su educación sexual.

El Estado es responsable de que se imparta la educación a todos. Todos tienen el derecho a la educación y la responsabilidad de educarse. La educación se basa en la ciencia, utiliza sus métodos y fomenta el crecimiento, aplica sus resultados para asegurarse el desarrollo integral de la persona humana y de la familia.

El Ministerio de Educación es el brazo ejecutor del Estado en materia de educación y, como tal, tiene que aplicar una educación obligatoria para todos. En el caso de la educación sexual, el aspecto científico de la educación puede hacerse extensivo del aula de clase a los servicios médicos de los centros de salud, bien que estos aporten personal que se traslade al colegio para impartir la porción del programa educativo que corresponde a personal con conocimiento médico o bien que un niño o niña acuda a un Centro de Salud para una consulta sobre aspectos de su condición personal en forma privada.

LA INCIDENCIA SOCIAL

La esencia del problema al que nos enfrentamos consiste en la facultad de la especie humana de procrear.

La facultad de procrear implica aspectos biológicos, morales, familiares y sociales. Pero, por encima de ello, implica aspectos y efectos económicos que inciden, y muchas veces impiden, la formación de la familia, entendida esta como núcleo estable de convivencia íntima y social para mejoramiento del individuo y de su descendencia.

La incidencia social

En algunas especies animales, la naturaleza impone mecanismos automáticos de restricción que inhiben la procreación fuera de las condiciones apropiadas o requeridas para la subsistencia exitosa de los recién nacidos. Las personas no sienten la necesidad de procrear para continuar su especie, como sucede con los animales. Las personas razonan. Los animales obran, actúan por instinto.

Alteraciones del clima, como inusuales nevadas, lluvias intempestivas en la que debiera ser la época de apareamiento, provocará la inhibición del celo de la hembra negando el apareamiento. Si la primavera ha sido escasa de alimentos, en muchas especies de aves, al no contar con el alimento requerido para sus crías, la hembra se inhibe de su acostumbrada camada múltiple y pone un solo huevo o ninguno, según la escasez de alimento del medio circundante.

Entre algunas aves carnívoras, ante la falta de alimento suficiente para dos polluelos, se alimenta solo al más fuerte, el cual, al cabo de unos días, devorará al débil para complementar su escasa alimentación y sobrevivir. Porque la finalidad de la procreación es traer al mundo una estirpe sana, fuerte y capaz de dar continuidad a la especie. Lo contrario sería debilitar la especie y llevarla inevitablemente a su extinción o degradación.

En la especie humana, la excesiva procreación en condiciones inapropiadas para mantener a la prole y facilitarle los elementos requeridos para su completo e integral desarrollo en salud física, intelectual y espiritual es condenarlo a la pobreza extrema, el estancamiento y el subdesarrollo, esto es, el anillo de pobreza continuada. Se nace pobre, se vive en miseria, sin salud ni educación, para engendrar hijos no sostenibles (deseados o no) predispuestos a repetir el ciclo de miseria de sus padres.

El Estado debe adoptar políticas públicas para romper el anillo de pobreza y miseria que circunda a las clases populares. Para ello se requiere, en su orden: salud, educación y planificación familiar. Es decir, hablamos de servicios de salud pública (centros de salud, Ulaps, etc.), apoyos a la educación (Ifarhu, Meduca) y del servicio social de apoyo a la familia (Aplafa).

El Ifarhu es la única entidad exitosa de las mencionadas anteriormente. Es una catapulta que permite al pobre seguir en la escuela y además acceder a la universidad. Desde sus inicios, con el Dr. Diógenes Arosemena al frente, no ha hecho otra cosa que crecer y engrandecer al país. Es un proyecto social con fronteras aún por alcanzar, pero que ha cumplido en favor de dar oportunidades a las clases necesitadas, frente al costo de estudiar. Hoy en día se complementa con los programas de asistencia material del Ministerio de Educación que apoyan con el costo de uniformes, calzado, libros y, además, comida y refrigerio en los colegios.

Pero aún con la asistencia del Estado, la sobrecarga familiar por el número excesivo de hijos impide a la familia pobre llevar un nivel de vida mínimamente adecuado y, si no califican todos para una ayuda del Ifarhu, se empañan las posibilidades de una educación superior o técnica que permita aspirar a salarios mejor remunerados para la siguiente generación, perpetuándose así el ciclo de pobreza, generación tras generación.

La planificación familiar fue concebida para brindar a las familias los mecanismos necesarios para restringir el número de hijos, a los que económicamente puedan mantener, "tener pocos para poder ofrecer a esos pocos, la capacidad de educarse y superarse". Un jornalero no puede tener una familia de 8 o 10 hijos y más. A duras penas puede con dos, si cuentan con una asistencia estatal efectiva. Son pocos los países en los que el Estado aporta un salario mensual a las familias por cada hijo que tienen, o bien premia a las llamadas familias numerosas. En Panamá no existe esta asistencia. No hemos creado una entidad estatal para asistir a las familias pobres para que no tengan un número de hijos más allá de los que pueden dada su condición económica.

En Panamá, existe una entidad privada sin fines de lucro que se llama "APLAFA" (Asociación para la Planificación Familiar) que dice dedicarse a estos menesteres. Se trata de una Organización No Gubernamental, ONG que, según expresa en su ventana pública, vive de aportaciones privadas anónimas.

La ocasión me vale para declarar públicamente mi recelo ante grupos y organizaciones que se dicen privados, pero que son mantenidos por donantes anónimos cuya fuente de fondos y, particularmente, su orientación, es desconocida. No cabe duda de que, digan lo que digan, los que financian el proyecto influyen en el mismo.

No concibo que una organización privada, financiada por grupos desconocidos, no sea susceptible de ser influenciada por quienes la patrocinan. La lógica indica que si los patrocinan es porque cumplen con objetivos coincidentes con el criterio de los patrocinadores. La excepción única es cuando el patrocinio es público, sin que exista predominio por monopolio de ningún sector en particular.

Volviendo a Aplafa, una de las funciones de un programa de planificación familiar es justamente la educación sexual, porque su objetivo es crear una familia ordenada, educada y constituida por el número de individuos proporcional a la capacidad para criarlos apropiadamente con salud y educación. La planificación familiar es contraria a la procreación ad libitum, esto es, a tener un número incontrolado de hijos y a los embarazos no deseados. Ambos casos, el exceso de hijos y los embarazos no deseados, como el caso de las adolescentes en edad escolar, son temas obligatorios en cualquier programa de planificación familiar.

Una entidad como Aplafa no puede limitarse a ser receptiva. Debe ser proactiva. Debe coordinar la asistencia médica con el apoyo social. Debe buscar identificar, investigar y apoyar a las familias que requieren su asistencia informando, explicando y brindando métodos anticonceptivos al alcance de las parejas y de las madres solas con la asistencia económica que ponga a disposición el Estado. A las familias pobres con exceso de hijos hay que:

1. Procurarles algún medio para suspender la procreación;
2. Explicarles cómo y por qué ocurre el embarazo biológicamente;
3. Inculcarles la obligación legal de hacer que sus hijos vayan a la escuela y se eduquen al máximo de su capacidad;
4. Informarles la asistencia disponible, coordinada con el Estado, para facilitar la adopción, si consienten en ello.

A diferencia del Ifharu, Aplafa no ha sido proactiva. Se sienta a esperar que los interesados acudan, no publicita en forma efectiva su misión. Como resultado, son contribuyentes directos en el índice de embarazos infantiles y adolescentes no deseados.

Si con la existencia de Aplafa nos cruzamos en la calle con mujeres jóvenes con niño en brazos, dos más a cada lado, agarrados a su falda, y uno en gestación dentro de su vientre, ¿de quién es la culpa? De Aplafa. Todavía no se han enterado de que ellos existen para evitar estas cosas. No han resuelto el problema en las generaciones adultas presentes, por tanto, no contribuyen a evitar el problema del embarazo de las adolescentes. Ignorante la madre, ¿quién va a instruir a la hija? Y así se prolonga el círculo de la pobreza, producto de la ignorancia, consecuencia de la falta de asistencia pública o privada adecuada.

El país debe avanzar apoyado en sus instituciones sociales. En el fondo de un programa de planificación familiar está el tema de la procreación, su esencia y su control, lo que empalma con el fin central del tema de la educación sexual. Ambos desembocan en la pregunta medular de ¿a quién corresponde la decisión de la procreación?

La mujer es un ser especial y sublime dotado con la gracia de la facultad biológica de procrear. En la especie humana, la gestación se realiza en el vientre de la mujer, de suerte que el producto depende totalmente de la madre, desde el inicio de la gestación hasta su nacimiento, cuando se convierte en persona. La procreación depende de la mujer, quien tiene a su voluntad la decisión de embarazarse o no:

- porque no desea tener hijos;
- porque desea postergar el inicio de su familia hasta después de haber alcanzado sus metas educativas, personales o profesionales;
- porque simplemente ya tiene el número de hijos que considera apropiado y no desea tener más;
- o bien por cualquier otro motivo personal.

¿Cuántos hijos son suficientes? Es una decisión que, en principio, se dice corresponde a la pareja. En algunos países, es el Estado el que, por cuestión demográfica, impone a las familias un número máximo de hijos. En la República Popular China, tradicionalmente, las parejas solo podían tener dos hijos. Como en las regiones agrícolas era más valorado un hijo varón que ayude al padre en las faenas del campo, se dice que era usual que, si cuando el primer hijo nacía hembra, si el segundo embarazo también resultaba hembra, esta última se eliminaba para intentar, en un nuevo parto, concebir un varón. Es una posición de la que discrepamos.

En nuestra opinión, la decisión de la maternidad es derecho exclusivo de la mujer. La mujer es dueña absoluta de su cuerpo al punto que moral y jurídicamente, aun estando casada, si fuese objeto de una relación carnal forzada, impuesta por su propio marido, puede calificarla como una violación. En todo caso, la negativa de la esposa a consentir cohabitar con el marido dará a este el derecho de acusarla de incumplir con sus obligaciones maritales, pero nunca el derecho de imponer forzosamente esa obligación marital a la mujer. Ese incumplimiento marital podría ser alegado en proceso de divorcio por parte del marido, pero repito, no hay fundamento para imponer una relación carnal por parte de ningún varón.

Si en el transcurso de un embarazo, los médicos dictaminan una anormalidad que implique riesgo de vida que exija elegir entre la vida de la madre o llevar a término el embarazo, la decisión le corresponde a la madre, quien decidirá si sacrifica su propia vida en favor de llevar a término la presente gestación, o si sacrifica la gestación en proceso para preservar su propia vida y poder continuar criando a los hijos que ya tiene en casa, o por conservar la oportunidad de tener otro hijo en el futuro. La decisión no es del marido o padre biológico de la gestación y menos de los médicos. Solo en el supuesto de que la embarazada estuviese incapacitada mentalmente de tomar decisiones, corresponderá tomar la decisión al esposo o, a falta de este, a los padres de la embarazada.

En resumen, la mujer es dueña de su cuerpo, quien decide cuándo se embaraza, de quién se embaraza, cuántos hijos tendrá, si interrumpirá sus embarazos o los dejará llegar a término. Su condición socioeconómica, complacer a su pareja y someterse a sus creencias religiosas podrán influir en mayor o menor grado en su decisión, pero esta será suya, de la mujer y nadie estará por encima de ella.

Todo lo dicho anteriormente es claro e incuestionable, sea el caso de una mujer que vive en pareja o de una mujer emancipada que vive fuera del hogar paterno, tenga hijos o no. Cuestión crucial es determinar desde cuándo una niña se convierte en mujer. Una respuesta simple sería la biológica: la niña es mujer desde el momento en que es capaz de concebir. Esa respuesta es válida frente al problema de la educación sexual. Una respuesta más compleja requeriría que, además de la madurez biológica, se diese el complemento de la madurez intelectual y emocional con un logrado sentido de familia, complemento de la capacidad de procrear.

Para efectos de este tema de la educación sexual, el concepto de mujer nace con el advenimiento de la capacidad de procrear, que trae aparejada la obligación de instruir a la niña sobre temas de sexualidad y la mecánica biológica de la procreación. El momento de iniciar dicha enseñanza debe ser con el tiempo suficiente para que, llegada su primera época de procreación, la fémina ya esté suficientemente instruida para evitar las situaciones de un embarazo indeseado.

Las edades de la fémina se pueden catalogar así: hasta los 12 años es niña; de los 12 a los 15 es doncella; de los 15 a los 18 es adolescente; de los 18 en adelante, mayor de edad y ciudadana (en algunos países la mayoría de edad sigue siendo los 21 años, que es cuando se expiden la cédula de identidad y la licencia de conducir).

Ya vimos que la estadística nacional reporta, excepcionalmente, embarazadas de 8 años de edad. Pareciera una edad aún temprana para incluir en su pensum la educación sexual, pero frente a la realidad es obligatorio tomar las precauciones debidas. La prudencia pareciera dictar como regla que la educación sexual se imparta a todos los niños desde los 10 años, como parte de su pénsum obligatorio y, excepcionalmente, a toda niña menor de esa edad que curse el colegio y haya alcanzado la capacidad de procrear. Los padres estarán obligados a informar al colegio tal situación, al igual que profesores, trabajadores sociales y personal de enfermería al servicio de la escuela. Los centros de salud conocedores de tales hechos deben reportarlos con sigilo a la dirección del plantel en que cursa estudios la menor. Todos deberán poner su mayor celo y vigilancia en que se cumpla con la obligación de impartir a la menor la educación sexual pertinente.

EL TRÁNSITO POR LA ASAMBLEA

Luego de haber sido aprobado el proyecto de Ley No.61 en primer debate, allá por 2014, en la comisión parlamentaria correspondiente, durante el segundo debate arreció la oposición al proyecto, oposición que, enmascarada de estar de acuerdo con el proyecto, pidió que fuese devuelto a primer debate con el pretexto de hacerle algunas modificaciones. El resultado fue que, retornado a primer debate, el proyecto quedó encarpetado; quedó sepultado en los anales de proyectos fallidos de la Asamblea. Era la tercera vez que un proyecto semejante muere non nato, según me informan.

Este episodio nos dejó varias reflexiones:

Primero: no cabe duda de la existencia del problema ni de su gravedad. Nadie duda de las estadísticas del Ministerio de Educación y del Ministerio de Salud al respecto del número de menores escolares embarazadas. En todo caso, las cifras se quedan cortas, pues no registran los casos de embarazadas cuando estas abandonan el colegio previo a la visibilidad de la gestación. En estos casos, se registran simplemente como abandonos escolares.

Segundo: hay un no disimulado "no me importa" respecto al problema de parte de los moralistas opositores al proyecto. Es evidente que no hacer nada equivale a prolongar el daño social recurrente que padecemos. Pero, como, al fin y al cabo, afecta a los estratos sociales más bajos, su postura es *¡que se j…n!*.

Tercero: ¿para qué una ley de educación sexual? Lo que más me impresiona y deja atónito es pensar: ¿a quién se le ocurrió que había que prohijar un proyecto de ley para que en las escuelas se impartan conocimientos de educación sexual a los alumnos? Los programas para impartir enseñanza en las escuelas son responsabilidad del Ministerio de Educación. El marco legal que regula al Ministerio de Educación es el Texto Único de la Ley No.97 del 24 de septiembre de 1946, cuyo artículo 295 señala que el Ministerio de Educación tiene la competencia y facultad para modificar el diseño curricular del sistema educativo nacional sin necesidad de crearse una ley a tal efecto. Ergo, la pregunta es: *¿A santo de qué una propuesta de ley para enseñar educación sexual?* Nuestra Constitución

Nacional señala que la educación se basa en la ciencia, utiliza sus métodos y fomenta el crecimiento. Aplica sus resultados para asegurar el desarrollo de la persona humana y de la familia. Ante estas facultades del Ministerio de Educación, nos preguntamos: *¿hacía falta este proyecto de ley?* Eso depende de cuál era la intención. Obvio que no hacía falta una ley para implementar la enseñanza de la educación sexual.

Con todo, confiábamos en que, más tarde que temprano, se superaría este estancamiento y el desarrollo social del país terminaría dotando al Ministerio de Educación de su poder de enseñanza libremente aplicada, incluyendo la educación sexual en las escuelas. Y así dar coto a los embarazos de niñas y adolescentes en edad de escuela, e impulsar a futuro una mayor efectividad en los programas de planificación familiar y contar con una población femenina con los conocimientos adecuados de control de natalidad que le evite sobrecargarse de hijos en el momento no apropiado y más allá de su capacidad económica, condenándose a sí misma y a su descendencia, a una vida de restricciones y resentimiento social.

No obstante, como ya señalamos, con fecha 5 de abril de 2022, la Asamblea se ratificó en su intención de emitir una ley en pro de la enseñanza de la educación sexual en las escuelas y dotó a los Ministerios de Educación y de Salud de la Ley No.202, para encargarlos de tal cometido. Sin embargo, debemos mantenernos atentos en su aplicación en beneficio de los derechos sociales de los panameños.

Dr. Antonio Dudley A.

Panamá, febrero 2023.

Índice de legislaciones aplicables a la educación sexual

a) Normas Constitucionales
b) Normas del Código de la Familia
c) Normas del Ministerio de Educación
d) Texto del Proyecto Inicial de la Ley "Por la cual se adoptan políticas públicas de educación integral, atención y promoción de la salud", de 2014.
e) Guía de la Educación de la Sexualidad del Ministerio de Educación para reducción del machismo.
f) Ley No.202, "Que establece un Programa de Formación en Materia de Educación en la Sexualidad y la Afectividad. Del 5 de abril de 2022.

ANEXO A

CONSTITUCIÓN POLITICA DE LA REPÚBLICA DE PANAMÁ

Esta edición de la Constitución Política de 1972 está ajustada a los Actos Reformatorios de 1978, al Acto Constitucional de 1983, a los Actos Legislativos No. 1 de 1993 y No. 2 de 1994, y al Acto Legislativo No. 1 de 2004, tomando como referencia el Texto Único publicado en la Gaceta Oficial No. 25176 del 15 de noviembre de 2004.

CAPITULO V
EDUCACIÓN

Artículo 91.- Todos tienen el derecho a la educación y la responsabilidad de educarse. El Estado organiza y dirige el servicio público de la educación nacional y garantiza a los padres de familia el derecho de participar en el proceso educativo de sus hijos.

La educación se basa en la ciencia, utiliza sus métodos, fomenta su crecimiento y difusión y aplica sus resultados para asegurar el desarrollo de la persona humana y de la familia, al igual que la afirmación y fortalecimiento de la Nación panameña como comunidad cultural y política.

La educación es democrática y fundada en principios de solidaridad humana y justicia social.

Artículo 92.- La educación debe atender el desarrollo armónico e integral del educando dentro de la convivencia social, en los aspectos físico, intelectual, moral, estético y cívico y debe procurar su capacitación para el trabajo útil en interés propio y en beneficio colectivo.

Articulo 93.- Se reconoce que es finalidad de la educación panameña fomentar en el estudiante una conciencia nacional basada en el conocimiento de la historia y los problemas de la patria.

Articulo 94.- Se garantiza la libertad de enseñanza y se reconoce el derecho de crear centros docentes particulares con sujeción a la Ley.

El Estado podrá intervenir en los establecimientos docentes particulares para que se cumplan en ellos los fines nacionales y sociales de la cultura y la formación intelectual, moral, cívica y física de los educandos.

La educación pública es la que imparten las dependencias oficiales y la educación particular es la impartida por las entidades privadas.

Los establecimientos de enseñanza sean oficiales o particulares están abiertos a todos los alumnos sin distinción de raza, posición social, ideas políticas, religión o la naturaleza de la unión de sus progenitores o guardadores.

La Ley reglamentará tanto la educación pública como la educación particular.

Articulo 95.- La educación oficial es gratuita en todos los niveles pre-universitarios. Es obligatorio el primer nivel de enseñanza o educación básica general. La gratuidad implica para el Estado proporcionar al educando todos los útiles necesarios para su aprendizaje mientras completa su educación básica general.

La gratuidad de la educación no impide el establecimiento de un derecho de matrícula pagada en los niveles no obligatorios.

Artículo 96.- La Ley determinará la dependencia estatal que elaborará y aprobará los planes de estudios, los programas de enseñanza y los niveles educativos, así como la organización de un sistema nacional de orientación educativa, todo ello de conformidad con las necesidades nacionales.

Artículo 97.- Se establece la educación laboral, como una modalidad no regular del sistema de educación, con programas de educación básica y capacitación especial.

Artículo 98.- Las empresas particulares cuyas operaciones alteren significativamente la población escolar en un área determinada, contribuirán a atender las necesidades educativas de conformidad con las normas oficiales y las empresas urbanizadoras tendrán esta misma responsabilidad en cuanto a los sectores que desarrollen.

Artículo 99.- Sólo se reconocen los títulos académicos y profesionales expedidos por el Estado o autorizados por éste de acuerdo con la Ley. La Universidad Oficial del Estado fiscalizará a las universidades particulares aprobadas oficialmente para garantizar los títulos que expidan y revalidará los de universidades extranjeras en los casos que la Ley establezca.

Artículo 100.- La educación se impartirá en el idioma oficial, pero por motivos de interés público la Ley podrá permitir que en algunos planteles ésta se imparta también en idioma extranjero.
La enseñanza de la historia de Panamá y de la educación cívica será dictada por panameños.

Artículo 101.- La Ley podrá crear incentivos económicos en beneficio de la educación pública y de la educación particular, así como para la edición de obras didácticas nacionales.

Artículo 102.- El Estado establecerá sistemas que proporcionen los recursos adecuados para otorgar becas, auxilios u otras prestaciones económicas a los estudiantes que lo merezcan o lo necesiten.
En igualdad de circunstancias se preferirá a los económicamente más necesitados.

Artículo 103.- La Universidad Oficial de la República es autónoma. Se le reconoce personería jurídica, patrimonio propio y derecho de administrarlo. Tiene facultad para organizar sus estudios y designar y separar su personal en la forma que determine la Ley. Incluirá en sus actividades el estudio de los problemas nacionales, así como la difusión de la cultura nacional. Se dará igual importancia a la educación universitaria impartida en Centros Regionales que a la otorgada en la capital.

Artículo 104.- Para hacer efectiva la autonomía económica de la Universidad, el Estado la dotará de lo indispensable para su instalación, funcionamiento y desarrollo futuro, así como del patrimonio de que trata el artículo anterior y de los medios necesarios para acrecentarlo.

Artículo 105.- Se reconoce la libertad de cátedra sin otras limitaciones que las que, por razones de orden público, establezca el Estatuto Universitario.

Artículo 106.- La excepcionalidad en el estudiante, en todas sus manifestaciones será atendida mediante educación especial, basada en la investigación científica y orientación educativa.

Artículo 107.- Se enseñará la religión católica en las escuelas públicas pero su aprendizaje y la asistencia a actos de cultos religiosos no serán obligatorios cuando lo soliciten sus padres o tutores.

Artículo 108.- El Estado desarrollará programas de educación y promoción para los grupos indígenas ya que poseen patrones culturales propios, a fin de lograr su participación activa en la función ciudadana.

ANEXO B
CÓDIGO DE LA FAMILIA DE PANAMÁ

Artículo 316.- La patria potestad o relación parental es el conjunto de deberes y derechos que tienen los padres con respecto a la persona y los bienes de los hijos o hijas, en cuanto sean menores de edad y no se hayan emancipado.

Artículo 317.- Los hijos o hijas menores de edad no emancipados están bajo el cuidado del padre y de la madre, han de obedecerles y respetarles, atendiendo a los principios de protección que dispone este Código.

Artículo 318.- La autoridad de los padres se establece tomando en consideración el interés superior del menor y de la familia.

Artículo 321.- En caso de desacuerdo entre los progenitores en el ejercicio de la patria potestad, cualquiera de los dos podrá acudir al Juez, quien después de escuchar a ambos y al hijo o hija, decidirá lo que más convenga al interés superior del hijo o hija.

Si los desacuerdos fueran reiterados o concurriera cualquier otra causa que entorpezca gravemente el ejercicio de la patria potestad o relación parental, el Juez podrá suspender, total o parcialmente, el ejercicio de la misma a uno de los padres o distribuir entre ellos sus funciones. Esta medida deberá ser decretada por el Juez con conocimiento de causa y después de haber oído sobre ello a los parientes del hijo o hija y al Defensor del Menor. Esta medida tendrá vigencia durante el plazo que se fije, que no podrá nunca exceder de dos (2) años.

ANEXO C
DECRETO EJECUTIVO N° 305
DE 30 DE ABRIL DE 2004

Ministerio de Educación Decreto Ejecutivo N° 305 de 30 de abril de 2004. "Por la cual se aprueba el texto único de la ley 46 de 1946, Orgánica de Educación con numeración corrida y ordenación sistemática conforme fue dispuesto por el artículo 26 de la Ley 50 de 1 de noviembre de 2002".

Artículo 295. El currículo es el producto derivado de un proceso dinámico de adaptación al cambio social y al sistema educativo. El diseño curricular debe responder a una concepción de educación como totalidad y en proceso de cambio permanente.

El currículo educativo es la creación de los principios, fines y políticas establecidos por el sistema educativo y comprende las etapas de planificación, elaboración, difusión, aplicación, seguimiento y evaluación.

El Ministerio de Educación es la dependencia estatal responsable de elaborar los currículos de los diferentes niveles y modalidades de enseñanza para las escuelas oficiales y de aprobar los de las escuelas particulares a excepción de las instituciones educativas que se rigen por leyes especiales. Establecerá un sistema adecuado para la evaluación y actualización permanente del currículo.

www.ingramcontent.com/pod-product-compliance
Lightning Source LLC
Chambersburg PA
CBHW031537210526
45464CB00003B/1057